The Flying Cat and Other Stories: Bilingual Spanish-English Stories for Kids

Pomme Bilingual

Published by Pomme Bilingual, 2024.

While every precaution has been taken in the preparation of this book, the publisher assumes no responsibility for errors or omissions, or for damages resulting from the use of the information contained herein.

THE FLYING CAT AND OTHER STORIES: BILINGUAL SPANISH-ENGLISH STORIES FOR KIDS

First edition. July 8, 2024.

ISBN: 979-8227711250

Written by Pomme Bilingual.

Table of Contents

La Extraordinaria Aventura de Pablito y su Gato Volador

En un pequeño pueblo llamado Miraluna, vivía un niño llamado Pablito. Pablito no era un niño común y corriente; tenía una imaginación tan grande que incluso los adultos no podían comprenderla. Su mejor amigo era un gato llamado Mota, un gato gordito y perezoso, pero con un secreto muy especial: ¡podía volar!

Un día, mientras Pablito estaba jugando en su habitación, escuchó un sonido extraño. "¿Qué será eso?" se preguntó. Siguió el sonido hasta el jardín y encontró a Mota flotando en el aire, ¡con una capa roja atada al cuello! Pablito no podía creerlo. "¡Mota, estás volando!" exclamó.

Mota ronroneó y dio una vuelta en el aire. "Sí, Pablito. Siempre he podido volar, pero nunca te lo dije porque no quería que te preocuparas."

Pablito se sintió tan emocionado que saltó de alegría. "¡Esto es increíble! ¡Podemos ir a cualquier parte del mundo!" Y así comenzó su aventura.

Los dos amigos decidieron volar hasta el Reino de las Nubes, un lugar del que Pablito había leído en sus libros de cuentos. Montado en Mota, Pablito se aferró a su pelaje y subieron más y más alto, hasta que las casas y los árboles se hicieron pequeños como juguetes.

El Reino de las Nubes era aún más mágico de lo que Pablito había imaginado. Había castillos hechos de algodón de azúcar y ríos de leche con chocolate. Se encontraron con seres fantásticos como hadas, unicornios y dragones amistosos.

Sin embargo, no todo era tan perfecto. El Rey de las Nubes, un gigante con barba de algodón, estaba muy triste. "Un ogro malvado ha robado mi corona mágica y ahora el Reino de las Nubes está en peligro," dijo el rey con lágrimas en los ojos.

Pablito, siendo el valiente niño que era, decidió ayudar. "¡No te preocupes, Majestad! ¡Mota y yo recuperaremos tu corona!" Y sin más dilación, se lanzaron en busca del ogro.

El ogro vivía en una cueva oscura al borde del Reino de las Nubes. Cuando llegaron, vieron la corona mágica brillando en una roca. Pero el ogro, grande y temible, estaba custodiándola. Mota voló en círculos alrededor del ogro, distrayéndolo, mientras Pablito se deslizó silenciosamente hacia la corona.

Justo cuando el ogro estaba a punto de atraparlo, Mota lanzó un maullido tan fuerte que el ogro se cubrió los oídos, dándole a Pablito la oportunidad de agarrar la corona y salir corriendo. "¡Lo logramos, Mota!" gritó Pablito mientras subían al cielo.

Regresaron al castillo del Rey de las Nubes y le devolvieron la corona. El rey, agradecido, les otorgó un deseo. "Podéis pedir cualquier cosa que queráis," dijo el rey.

Pablito miró a Mota y supo exactamente qué pedir. "Quiero que Mota pueda volar siempre, sin necesidad de la capa."

El deseo fue concedido y desde ese día, Pablito y Mota volaron juntos en muchas más aventuras, ayudando a aquellos que lo necesitaban y explorando lugares que solo existían en sus sueños.

Y así, en el pequeño pueblo de Miraluna, Pablito y su gato volador vivieron felices, demostrando que con un poco de imaginación y valentía, todo es posible.

The Extraordinary Adventure of Little Paul and His Flying Cat

In a small town called Miraluna, lived a boy named Paulito. Paulito was not an ordinary child; he had an imagination so vast that even adults couldn't comprehend it. His best friend was a cat named Fluff, a chubby and lazy cat, but with a very special secret: it could fly!

One day, while Paulito was playing in his room, he heard a strange sound. "What could that be?" he wondered. He followed the sound to the garden and found Fluff floating in the air, with a red cape tied around its neck! Paulito couldn't believe it. "Fluff, you're flying!" he exclaimed.

Fluff purred and did a loop in the air. "Yes, Paulito. I've always been able to fly, but I never told you because I didn't want you to worry."

Paulito felt so excited that he jumped for joy. "This is amazing! We can go anywhere in the world!" And so their adventure began.

The two friends decided to fly to the Kingdom of Clouds, a place Paulito had read about in his storybooks. Riding on Fluff, Paulito held on to its fur, and they soared higher and higher until the houses and trees looked like tiny toys.

The Kingdom of Clouds was even more magical than Paulito had imagined. There were castles made of cotton candy and rivers of chocolate milk. They met fantastic beings like fairies, unicorns, and friendly dragons.

However, not everything was perfect. The King of Clouds, a giant with a cotton beard, was very sad. "An evil ogre has stolen my magic crown, and now the Kingdom of Clouds is in danger," said the king with tears in his eyes.

Paulito, being the brave boy he was, decided to help. "Don't worry, Your Majesty! Fluff and I will get your crown back!" And without further delay, they set off in search of the ogre.

The ogre lived in a dark cave at the edge of the Kingdom of Clouds. When they arrived, they saw the magic crown shining on a rock. But the ogre, big and fearsome, was guarding it. Fluff flew in circles around the ogre, distracting him, while Paulito silently slid towards the crown.

Just as the ogre was about to catch him, Fluff let out a loud meow that made the ogre cover his ears, giving Paulito the chance to grab the crown and run. "We did it, Fluff!" Paulito shouted as they soared into the sky.

They returned to the King of Clouds' castle and handed back the crown. The king, grateful, granted them a wish. "You can ask for anything you want," said the king.

Paulito looked at Fluff and knew exactly what to wish for. "I want Fluff to be able to fly always, without needing the cape."

The wish was granted, and from that day on, Paulito and Fluff flew together on many more adventures, helping those in need and exploring places that only existed in their dreams.

And so, in the small town of Miraluna, Paulito and his flying cat lived happily, proving that with a bit of imagination and courage, anything is possible.

El Misterio del Castillo de los Siete Relámpagos

En el corazón del pueblo de San Velero, rodeado de colinas verdes y frondosos bosques, se encontraba un castillo antiguo y misterioso conocido como el Castillo de los Siete Relámpagos. Nadie en el pueblo se atrevía a acercarse a él, ya que se decía que estaba embrujado. Cada noche de tormenta, siete relámpagos caían sobre el castillo, iluminando el cielo con un resplandor aterrador.

Había un niño en el pueblo llamado Tomás, conocido por su valentía y curiosidad insaciable. A pesar de todas las advertencias, Tomás no podía resistir la tentación de descubrir los secretos del castillo. Un día, decidido a resolver el misterio, se armó de valor, una linterna, y su fiel perro, Rayo, y se dirigió al castillo al caer la tarde.

Cuando llegaron a la entrada del castillo, las puertas se abrieron lentamente con un chirrido. Tomás y Rayo se adentraron en el interior oscuro y silencioso. El castillo estaba lleno de pasadizos secretos, retratos antiguos y muebles cubiertos de polvo. Mientras exploraban, encontraron un viejo diario en la biblioteca del castillo. Pertenecía a un antiguo alquimista llamado Severino, quien había vivido allí hace siglos.

Tomás, con la ayuda de Rayo, comenzó a leer el diario y descubrió que Severino había estado trabajando en un experimento para controlar el clima. Había inventado una máquina capaz de atraer rayos y tormentas, y la había escondido en algún lugar del castillo. Sin embargo, un error en sus cálculos había provocado que la máquina se descontrolara, causando los siete relámpagos que caían cada noche de tormenta.

Tomás decidió encontrar la máquina y apagarla para siempre. Siguieron las pistas del diario, que los llevaron a una puerta secreta detrás de un tapiz. La puerta daba a una escalera en espiral que bajaba hacia una cueva subterránea. Al final de la escalera, encontraron la máquina, un artilugio enorme y complejo lleno de engranajes y cables chisporroteantes.

Justo cuando Tomás estaba a punto de apagar la máquina, escucharon una risa siniestra. Era el espíritu de Severino, que aún rondaba el castillo. "¿Crees que puedes detenerme, niño?" dijo Severino. "Mis experimentos nunca serán detenidos."

Tomás, sin dejarse intimidar, respondió con firmeza: "Debemos detener esto para que el pueblo esté a salvo." Con la ayuda de Rayo, que ladraba ferozmente para distraer al espíritu, Tomás logró apagar la máquina. Los engranajes se detuvieron y el chisporroteo cesó.

El espíritu de Severino lanzó un grito desgarrador antes de desvanecerse en el aire. Tomás y Rayo salieron corriendo de la cueva y regresaron al pueblo, donde contaron a todos lo que había sucedido. El pueblo de San Velero celebró la valentía de Tomás y Rayo con una gran fiesta, y desde ese día, el castillo dejó de ser un lugar temido y se convirtió en una atracción turística, llena de curiosos que querían aprender sobre su historia.

Tomás aprendió que a veces, los mayores misterios pueden resolverse con un poco de valor y la compañía de un buen amigo. Y así, él y Rayo siguieron viviendo en San Velero, siempre listos para la próxima aventura.

The Mystery of the Castle of the Seven Lightning Bolts

In the heart of the village of San Velero, surrounded by green hills and lush forests, stood an ancient and mysterious castle known as the Castle of the Seven Lightning Bolts. No one in the village dared to go near it, as it was said to be haunted. Every stormy night, seven lightning bolts would strike the castle, lighting up the sky with a terrifying glow.

There was a boy in the village named Thomas, known for his bravery and insatiable curiosity. Despite all the warnings, Thomas couldn't resist the temptation to uncover the secrets of the castle. One day, determined to solve the mystery, he armed himself with courage, a flashlight, and his faithful dog, Flash, and headed to the castle as evening fell.

When they reached the castle's entrance, the doors creaked open slowly. Thomas and Flash ventured into the dark and silent interior. The castle was filled with secret passages, ancient portraits, and furniture covered in dust. As they explored, they found an old diary in the castle's library. It belonged to an ancient alchemist named Severino, who had lived there centuries ago.

With the help of Flash, Thomas began to read the diary and discovered that Severino had been working on an experiment to control the weather. He had invented a machine capable of attracting lightning and storms, and he had hidden it somewhere in the castle. However, an error in his calculations had caused the machine to go haywire, resulting in the seven lightning bolts that struck each stormy night.

Thomas decided to find the machine and shut it down for good. They followed the diary's clues, which led them to a secret door behind a tapestry. The door opened to a spiral staircase leading down to an underground cave. At the bottom of the stairs, they found the machine, a massive and complex contraption filled with gears and sparking wires.

Just as Thomas was about to shut down the machine, they heard a sinister laugh. It was the spirit of Severino, still haunting the castle. "Do you think you can stop me, boy?" said Severino. "My experiments will never be stopped."

Thomas, undeterred, replied firmly, "We must stop this to keep the village safe." With the help of Flash, who barked fiercely to distract the spirit, Thomas managed to shut down the machine. The gears halted, and the sparking ceased.

Severino's spirit let out a piercing scream before vanishing into thin air. Thomas and Flash ran out of the cave and returned to the village, where they told everyone what had happened. The village of San Velero celebrated Thomas and Flash's bravery with a grand feast, and from that day on, the castle stopped being a place of fear and became a tourist attraction, filled with curious people wanting to learn about its history.

Thomas learned that sometimes, the greatest mysteries can be solved with a bit of courage and the company of a good friend.

And so, he and Flash continued living in San Velero, always ready for the next adventure.

El Gran Secreto de la Abuela Maravilla

Había una vez en un pequeño pueblo llamado Villamar, un niño llamado Nico. Nico tenía ocho años y le encantaba visitar a su abuela todos los fines de semana. Su abuela, a quien todos llamaban cariñosamente "Abuela Maravilla", vivía en una casa encantadora llena de plantas exóticas, libros antiguos y objetos curiosos que había recogido a lo largo de sus viajes por el mundo.

Un día, mientras Nico y la Abuela Maravilla estaban tomando té en el jardín, Nico notó algo extraño en la mirada de su abuela. "Abuela, ¿por qué siempre tienes esa chispa en los ojos?" preguntó curioso.

La abuela sonrió de manera enigmática y le dijo: "Bueno, Nico, es porque tengo un gran secreto. Un secreto que he guardado durante muchos años y que creo que ya es hora de compartir contigo."

Los ojos de Nico se agrandaron de emoción. "¿Qué secreto, abuela?"

"Ven conmigo," dijo la abuela, levantándose de su silla y dirigiéndose hacia el cobertizo del jardín. Nico la siguió con entusiasmo. Dentro del cobertizo, la abuela Maravilla sacó una llave dorada de su bolsillo y la usó para abrir un viejo baúl polvoriento.

Dentro del baúl había un mapa antiguo y un pequeño cofre de madera. La abuela tomó el mapa y lo extendió sobre una mesa. "Este es un mapa de un lugar muy especial," explicó. "Un lugar llamado la Isla de los Deseos."

Nico estaba fascinado. "¿La Isla de los Deseos? ¿Qué es eso?"

"La Isla de los Deseos es un lugar mágico donde los sueños se hacen realidad," dijo la abuela. "Pero llegar allí no es fácil. Hay que seguir este mapa y superar varios desafíos en el camino."

Nico, siempre listo para una aventura, exclamó: "¡Vamos, abuela! ¡Quiero ver la Isla de los Deseos!"

La abuela asintió y le entregó el mapa a Nico. "Empacaremos algunas cosas y partiremos mañana al amanecer."

Esa noche, Nico apenas pudo dormir de la emoción. Al día siguiente, con mochilas llenas de provisiones, la abuela Maravilla y Nico se pusieron en marcha. Siguieron el mapa a través de bosques misteriosos, cruzaron ríos caudalosos y escalaron montañas empinadas.

Durante el viaje, enfrentaron muchos desafíos: tuvieron que resolver acertijos, atravesar laberintos y enfrentar a criaturas fantásticas. Pero con la sabiduría de la abuela y la valentía de Nico, lograron superar cada obstáculo.

Finalmente, después de días de viaje, llegaron a la orilla de un lago cristalino. En el centro del lago, se alzaba la Isla de los Deseos, brillando bajo el sol como una joya preciosa.

"¡Lo logramos, abuela!" gritó Nico, saltando de alegría.

La abuela Maravilla sonrió y dijo: "Ahora, Nico, debes saber que en la Isla de los Deseos, cada persona puede pedir un solo deseo. Piénsalo bien antes de decidir."

Nico reflexionó mientras remaban hacia la isla. Al llegar, encontraron un árbol gigante con hojas doradas en el centro de la isla. En la base del árbol había una inscripción que decía: "Pide tu deseo con el corazón puro y se te concederá."

Nico miró a su abuela y dijo: "Abuela, mi deseo es que siempre estemos juntos y tengamos muchas más aventuras."

La abuela lo abrazó con fuerza y dijo: "Ese es un deseo maravilloso, Nico."

De repente, las hojas del árbol comenzaron a brillar intensamente y una suave brisa rodeó a Nico y a la abuela. Sintieron una cálida sensación de felicidad y supieron que su deseo había sido concedido.

Regresaron a Villamar con el corazón lleno de alegría y con muchas historias nuevas que contar. La abuela Maravilla y Nico siguieron viviendo increíbles aventuras juntos, siempre recordando el mágico viaje a la Isla de los Deseos.

Y así, en el pequeño pueblo de Villamar, Nico aprendió que los verdaderos deseos nacen del corazón y que las mejores aventuras se viven en compañía de aquellos que amamos.

Grandma Marvel's Great Secret

Once upon a time in a small village called Villamar, there was a boy named Nico. Nico was eight years old and loved visiting his grandmother every weekend. His grandmother, affectionately known to everyone as "Grandma Marvel," lived in a charming house filled with exotic plants, ancient books, and curious objects she had collected throughout her travels around the world.

One day, while Nico and Grandma Marvel were having tea in the garden, Nico noticed something strange in his grandmother's eyes. "Grandma, why do you always have that sparkle in your eyes?" he asked curiously.

Grandma smiled enigmatically and said, "Well, Nico, it's because I have a big secret. A secret I've kept for many years and I think it's time to share it with you."

Nico's eyes widened with excitement. "What secret, Grandma?"

"Come with me," said Grandma, getting up from her chair and heading toward the garden shed. Nico followed her eagerly. Inside the shed, Grandma Marvel took a golden key from her pocket and used it to open an old dusty trunk.

Inside the trunk was an ancient map and a small wooden chest. Grandma took the map and spread it out on a table. "This is a map to a very special place," she explained. "A place called the Island of Wishes."

Nico was fascinated. "The Island of Wishes? What is that?"

"The Island of Wishes is a magical place where dreams come true," said Grandma. "But getting there isn't easy. You have to follow this map and overcome several challenges along the way."

Nico, always ready for an adventure, exclaimed, "Let's go, Grandma! I want to see the Island of Wishes!"

Grandma nodded and handed Nico the map. "We'll pack a few things and set off at dawn."

That night, Nico could hardly sleep from the excitement. The next day, with backpacks full of supplies, Grandma Marvel and Nico set off. They followed the map through mysterious forests, crossed rushing rivers, and climbed steep mountains.

During their journey, they faced many challenges: they had to solve riddles, navigate through mazes, and encounter fantastic creatures. But with Grandma's wisdom and Nico's bravery, they managed to overcome each obstacle.

Finally, after days of traveling, they reached the shore of a crystal-clear lake. In the middle of the lake stood the Island of Wishes, shining under the sun like a precious jewel.

"We made it, Grandma!" Nico shouted, jumping for joy.

Grandma Marvel smiled and said, "Now, Nico, you must know that on the Island of Wishes, each person can make only one wish. Think carefully before deciding."

Nico pondered as they rowed towards the island. Upon arrival, they found a giant tree with golden leaves at the center of the island. At the base of the tree was an inscription that read: "Make your wish with a pure heart, and it will be granted."

Nico looked at his grandmother and said, "Grandma, my wish is for us to always be together and have many more adventures."

Grandma hugged him tightly and said, "That's a wonderful wish, Nico."

Suddenly, the tree's leaves began to glow intensely, and a gentle breeze surrounded Nico and Grandma. They felt a warm sensation of happiness and knew their wish had been granted.

They returned to Villamar with hearts full of joy and many new stories to tell. Grandma Marvel and Nico continued to live incredible adventures together, always remembering the magical journey to the Island of Wishes.

And so, in the small village of Villamar, Nico learned that true wishes come from the heart and that the best adventures are lived in the company of those we love.

Las Aventuras de Lara y el Dragón Pequeño

En el tranquilo pueblo de Sonrisas, vivía una niña llamada Lara. Lara tenía diez años y era conocida por su gran imaginación y espíritu aventurero. Siempre soñaba con mundos mágicos y criaturas fantásticas, aunque nunca había visto una de verdad.

Un día, mientras Lara paseaba por el bosque cercano a su casa, encontró una pequeña cueva escondida entre los árboles. La curiosidad la impulsó a entrar. Dentro, descubrió algo que la dejó boquiabierta: un diminuto dragón verde, con escamas brillantes y ojos grandes y curiosos.

"¡Hola!" dijo Lara, acercándose con cautela. "¿Quién eres tú?"

El dragón, sorprendido pero no asustado, respondió con una voz dulce: "Me llamo Zog. Soy un dragón, pero aún soy muy pequeño y no sé cómo volar ni escupir fuego."

Lara sonrió y dijo: "¡Encantada de conocerte, Zog! Yo soy Lara. Tal vez pueda ayudarte a aprender."

Y así comenzó una gran amistad entre Lara y Zog. Cada día, después de la escuela, Lara visitaba a Zog en la cueva y juntos practicaban volar y escupir fuego. Aunque al principio Zog apenas podía alzar el vuelo y solo conseguía lanzar pequeñas chispas, con el tiempo mejoró gracias a la paciencia y al ánimo de Lara.

Una tarde, mientras estaban practicando en un claro del bosque, escucharon un ruido extraño. Al investigar, descubrieron que una parte del bosque estaba en llamas. Lara se asustó, pero Zog la tranquilizó.

"No te preocupes, Lara. Tal vez pueda ayudar," dijo el pequeño dragón con determinación.

Zog tomó aire y, con todas sus fuerzas, lanzó un chorro de agua mágica que apagó las llamas al instante. Lara lo miró asombrada.

"¡Zog, lo hiciste! ¡Salvaste el bosque!" exclamó.

Desde ese día, Zog y Lara se convirtieron en los protectores del bosque. Siempre estaban atentos a cualquier problema y ayudaban a mantener el lugar seguro y hermoso. Los otros animales del bosque comenzaron a admirar a Zog y a confiar en él, sabiendo que, a pesar de ser pequeño, tenía un gran corazón y un espíritu valiente.

Un día, una gran tormenta azotó Sonrisas, y un rayo cayó sobre el viejo molino del pueblo, provocando un gran incendio. Los habitantes del pueblo intentaron apagar las llamas, pero el fuego era demasiado fuerte.

Lara corrió al bosque y llamó a Zog. "¡Zog, necesitamos tu ayuda! El molino está en llamas y no podemos apagarlo."

Zog, sin dudarlo, voló al pueblo junto a Lara. Al llegar, inhaló profundamente y lanzó su poderoso chorro de agua mágica sobre el molino, apagando el fuego rápidamente. Los habitantes del pueblo miraron con asombro y gratitud.

"¡Gracias, Zog! ¡Nos has salvado!" exclamaron.

Desde ese día, Zog fue considerado un héroe en Sonrisas. Lara y él continuaron viviendo aventuras juntos, aprendiendo y creciendo. Lara se dio cuenta de que, aunque al principio Zog parecía pequeño e indefenso, tenía un gran poder y un corazón valiente.

Pasaron los años, y Lara y Zog siguieron siendo los mejores amigos. Zog creció y se convirtió en un majestuoso dragón, y juntos exploraron nuevos lugares, conocieron a otras criaturas mágicas y vivieron muchas más aventuras.

Y así, en el pequeño pueblo de Sonrisas, Lara y Zog demostraron que, con valentía y amistad, cualquier desafío podía superarse. Juntos, se enfrentaron a cualquier obstáculo, sabiendo que siempre tendrían el apoyo y el cariño del otro.

The Adventures of Lara and the Little Dragon

In the peaceful village of Sonrisas, lived a girl named Lara. Lara was ten years old and known for her vivid imagination and adventurous spirit. She always dreamed of magical worlds and fantastic creatures, although she had never seen one for real.

One day, while Lara was walking through the forest near her house, she found a small cave hidden among the trees. Curiosity led her to enter. Inside, she discovered something that left her speechless: a tiny green dragon, with shiny scales and big, curious eyes.

"Hello!" said Lara, approaching cautiously. "Who are you?"

The dragon, surprised but not scared, responded in a sweet voice: "My name is Zog. I am a dragon, but I am still very small and I don't know how to fly or breathe fire."

Lara smiled and said: "Nice to meet you, Zog! I'm Lara. Maybe I can help you learn."

And so began a great friendship between Lara and Zog. Every day, after school, Lara would visit Zog in the cave and they would practice flying and breathing fire together. Although at first Zog could barely lift off the ground and could only produce small sparks, over time he improved thanks to Lara's patience and encouragement.

One afternoon, while they were practicing in a forest clearing, they heard a strange noise. Investigating, they discovered that part of the forest was on fire. Lara was frightened, but Zog reassured her.

"Don't worry, Lara. Maybe I can help," said the little dragon with determination.

Zog took a deep breath and, with all his might, launched a stream of magical water that instantly extinguished the flames. Lara looked at him in amazement.

"Zog, you did it! You saved the forest!" she exclaimed.

From that day on, Zog and Lara became the protectors of the forest. They were always alert to any problem and helped keep the place safe and beautiful. The other animals in the forest began to admire Zog and trust him, knowing that despite being small, he had a big heart and a brave spirit.

One day, a great storm hit Sonrisas, and lightning struck the old mill in the village, causing a large fire. The villagers tried to put out the flames, but the fire was too strong.

Lara ran to the forest and called for Zog. "Zog, we need your help! The mill is on fire and we can't put it out."

Zog, without hesitation, flew to the village with Lara. Upon arrival, he took a deep breath and launched his powerful stream of magical water over the mill, quickly extinguishing the fire. The villagers looked on in amazement and gratitude.

"Thank you, Zog! You saved us!" they exclaimed.

From that day on, Zog was considered a hero in Sonrisas. Lara and he continued to have adventures together, learning and growing. Lara realized that although Zog seemed small and helpless at first, he had great power and a brave heart.

Years passed, and Lara and Zog remained best friends. Zog grew into a majestic dragon, and together they explored new places, met other magical creatures, and had many more adventures.

And so, in the small village of Sonrisas, Lara and Zog showed that with bravery and friendship, any challenge could be overcome. Together, they faced any obstacle, knowing they would always have each other's support and love.

El Extraordinario Perro Volador de Oliver

En el animado pueblo de Pueblerín, vivía un niño llamado Oliver. Oliver tenía nueve años y era famoso por su insaciable curiosidad y su amor por los animales. Su mascota favorita era su perro, Max, un golden retriever lleno de energía y alegría.

Un día, mientras jugaban en el jardín, Oliver notó algo extraño en Max. Cada vez que el perro saltaba para atrapar una pelota, parecía quedarse en el aire un segundo más de lo normal. Intrigado, Oliver decidió investigar. Esa noche, después de que todos en su casa se hubieran ido a dormir, Oliver llevó a Max al parque para hacer algunos experimentos.

Con una linterna en una mano y la correa de Max en la otra, Oliver lanzó una pelota al aire. Max corrió y saltó tras ella, pero esta vez, en lugar de caer rápidamente, el perro pareció flotar en el aire durante varios segundos antes de aterrizar suavemente en el suelo.

"¡Guau, Max! ¡Puedes volar!" exclamó Oliver, con los ojos llenos de asombro.

Al día siguiente, Oliver no pudo contener su emoción y decidió contarle su descubrimiento a su mejor amiga, Sofía. Sofía era una chica inteligente y valiente, siempre lista para una nueva aventura.

"¡No te lo vas a creer, Sofía! ¡Max puede volar!" dijo Oliver, casi sin aliento.

"¿Estás seguro?" preguntó Sofía, levantando una ceja. "Eso suena increíble."

Oliver asintió con entusiasmo. "Ven al parque después de la escuela y te lo mostraré."

Después de clases, Sofía y Oliver se encontraron en el parque con Max. Oliver lanzó la pelota al aire y, como la noche anterior, Max flotó en el aire antes de atrapar la pelota y descender lentamente.

"¡Es asombroso!" gritó Sofía. "¡Max realmente puede volar!"

Decidieron mantener el secreto entre ellos y entrenar a Max en habilidades de vuelo. Cada tarde después de la escuela, llevaban a Max al parque y practicaban. Max aprendió a volar en círculos, hacer piruetas en el aire e incluso a llevar pequeñas cargas mientras volaba.

Un día, mientras estaban en el parque, un viento fuerte sopló y arrastró el sombrero de la señora Rodríguez, la amable vecina de Oliver. Sin pensarlo dos veces, Max se lanzó al aire, voló sobre el parque y recuperó el sombrero, llevándoselo de vuelta a la señora Rodríguez.

"¡Qué perro tan maravilloso tienes, Oliver!" dijo la señora Rodríguez, asombrada.

Oliver y Sofía se dieron cuenta de que Max podría hacer más que solo trucos. Podría ayudar a la gente y hacer del mundo un lugar mejor. Decidieron organizar un espectáculo benéfico para el pueblo, donde Max demostraría sus habilidades y recaudaría fondos para el refugio de animales local.

El día del espectáculo, el parque estaba lleno de gente. Todos estaban ansiosos por ver al perro volador de Oliver. Max comenzó con algunos saltos simples, flotando en el aire mientras atrapaba pelotas. Luego, realizó piruetas y acrobacias que dejaron a todos boquiabiertos. Para el gran final, Max voló en círculos llevando una bandera que decía "Salvemos a los Animales".

La multitud aplaudió y vitoreó. El espectáculo fue un éxito rotundo y lograron recaudar mucho dinero para el refugio de animales.

Después del espectáculo, Oliver y Sofía se sintieron orgullosos de su amigo volador. Max no solo era un perro especial por su habilidad para volar, sino también por su gran corazón.

Las noticias sobre el perro volador de Pueblerín se esparcieron rápidamente, y pronto recibieron invitaciones de otros pueblos para que Max realizara sus espectáculos. Oliver, Sofía y Max viajaron a diferentes lugares, llevando alegría y esperanza a dondequiera que iban.

En cada nuevo lugar, Max demostraba sus habilidades, pero también enseñaba a la gente sobre la importancia de cuidar y proteger a los animales. Los niños y adultos se enamoraban de Max y, gracias a él, muchos animales encontraron nuevos hogares llenos de amor.

Con el tiempo, Max se convirtió en una leyenda en Pueblerín y más allá. Pero para Oliver y Sofía, Max siempre sería su amigo especial, el perro que les mostró que, con un poco de magia y mucho amor, se pueden lograr cosas extraordinarias.

Y así, en el pequeño pueblo de Pueblerín, la vida siguió llena de aventuras y enseñanzas. Oliver, Sofía y Max continuaron ayudando a los animales y demostrando que los verdaderos héroes pueden venir en cualquier forma, incluso en la de un perro volador.

Oliver's Extraordinary Flying Dog

In the lively village of Pueblerín, there lived a boy named Oliver. Oliver was nine years old and famous for his insatiable curiosity and love for animals. His favorite pet was his dog, Max, a golden retriever full of energy and joy.

One day, while they were playing in the garden, Oliver noticed something strange about Max. Every time the dog jumped to catch a ball, he seemed to stay in the air a second longer than usual. Intrigued, Oliver decided to investigate. That night, after everyone in his house had gone to sleep, Oliver took Max to the park to do some experiments.

With a flashlight in one hand and Max's leash in the other, Oliver threw a ball into the air. Max ran and jumped after it, but this time, instead of falling quickly, the dog seemed to float in the air for several seconds before landing softly on the ground.

"Wow, Max! You can fly!" exclaimed Oliver, his eyes full of wonder.

The next day, Oliver couldn't contain his excitement and decided to tell his best friend, Sofia, about his discovery. Sofia was a smart and brave girl, always ready for a new adventure.

"You won't believe it, Sofia! Max can fly!" said Oliver, almost out of breath.

"Are you sure?" asked Sofia, raising an eyebrow. "That sounds incredible."

Oliver nodded enthusiastically. "Come to the park after school and I'll show you."

After classes, Sofia and Oliver met at the park with Max. Oliver threw the ball into the air and, as the previous night, Max floated in the air before catching the ball and descending slowly.

"It's amazing!" shouted Sofia. "Max really can fly!"

They decided to keep the secret between them and train Max in flying skills. Every afternoon after school, they took Max to the park and practiced. Max learned to fly in circles, do somersaults in the air, and even carry small loads while flying.

One day, while they were in the park, a strong wind blew and took Mrs. Rodriguez's hat, Oliver's kind neighbor. Without thinking twice, Max leaped into the air, flew over the park, and retrieved the hat, bringing it back to Mrs. Rodriguez.

"What a wonderful dog you have, Oliver!" said Mrs. Rodriguez, amazed.

Oliver and Sofia realized that Max could do more than just tricks. He could help people and make the world a better place. They decided to organize a charity show for the town, where Max would demonstrate his skills and raise funds for the local animal shelter.

On the day of the show, the park was full of people. Everyone was eager to see Oliver's flying dog. Max started with some simple jumps, floating in the air while catching balls. Then, he performed somersaults and acrobatics that left everyone speechless. For the grand finale, Max flew in circles carrying a flag that said "Save the Animals."

The crowd applauded and cheered. The show was a resounding success, and they managed to raise a lot of money for the animal shelter.

After the show, Oliver and Sofia felt proud of their flying friend. Max was not only a special dog because of his ability to fly but also because of his big heart.

News of the flying dog from Pueblerín spread quickly, and soon they received invitations from other towns for Max to perform his shows. Oliver, Sofia, and Max traveled to different places, bringing joy and hope wherever they went.

In each new place, Max demonstrated his skills, but he also taught people about the importance of caring for and protecting animals. Children and adults fell in love with Max, and thanks to him, many animals found new homes full of love.

Over time, Max became a legend in Pueblerín and beyond. But for Oliver and Sofia, Max would always be their special friend, the dog who showed them that with a little magic and a lot of love, extraordinary things can be achieved.

And so, in the small village of Pueblerín, life continued to be full of adventures and lessons. Oliver, Sofia, and Max kept helping animals and showing that true heroes can come in any form, even that of a flying dog.

El Misterio del Castillo de Caramelo

En el bullicioso pueblo de Dulcelandia, había un niño llamado Nico que siempre estaba en busca de aventuras. Con sus diez años, Nico era famoso por su valentía y su imaginación desbordante. Le encantaba leer libros de misterio y soñaba con resolver grandes enigmas algún día. Pero, nunca imaginó que una de esas aventuras lo encontraría a él.

Una mañana soleada, mientras Nico paseaba con su bicicleta por las afueras del pueblo, vio algo que llamó su atención. A lo lejos, en la cima de una colina, se erguía un castillo que nunca había visto antes. Sus torres brillaban como si estuvieran hechas de caramelo.

Intrigado, Nico decidió acercarse. A medida que se aproximaba, notó que el castillo parecía aún más fantástico de cerca. Los muros estaban cubiertos de azulejos de colores, y los tejados parecían de jengibre. Había un puente levadizo hecho de regaliz y ventanas con marcos de bastones de caramelo.

"Esto es increíble," murmuró Nico para sí mismo.

Empujado por su curiosidad, Nico cruzó el puente levadizo y entró al castillo. Dentro, todo era aún más maravilloso. Las paredes estaban decoradas con chocolates y caramelos, y el aire olía a vainilla y azúcar.

"¡Hola! ¿Hay alguien aquí?" llamó Nico, pero solo el eco de su voz respondió.

Mientras exploraba, Nico encontró una puerta pequeña al final de un largo pasillo. Sin pensarlo dos veces, la abrió y se encontró en una biblioteca llena de libros de recetas mágicas. En el centro de la sala, sobre una mesa de cristal, había un gran libro abierto. El título decía: "El Gran Secreto del Castillo de Caramelo".

"¿El Gran Secreto?" Nico se acercó al libro y comenzó a leer. Descubrió que el castillo había sido construido hace siglos por un mago llamado Alaric Dulce, que había usado su magia para crear un lugar donde los sueños más dulces se hicieran realidad. Pero, con el tiempo, el mago desapareció y el castillo quedó abandonado.

Sin embargo, según el libro, había una leyenda que decía que el castillo despertaría si alguien puro de corazón descubriese su secreto. El libro también hablaba de un tesoro escondido que solo podía ser encontrado por alguien con un verdadero espíritu aventurero.

Decidido a resolver el misterio, Nico comenzó a explorar cada rincón del castillo. En una de las habitaciones encontró un mapa antiguo que mostraba el camino hacia el tesoro. Siguiendo las pistas, llegó a un jardín secreto detrás del castillo, donde flores de azúcar y árboles de chocolate crecían en abundancia.

En el centro del jardín había una fuente de caramelo líquido. Nico recordó las palabras del libro y se dio cuenta de que debía haber algo escondido allí. Con cuidado, metió la mano en la fuente y sintió algo sólido. Sacó un cofre pequeño, decorado con gemas de colores.

Con emoción, abrió el cofre y encontró dentro un amuleto brillante y una carta. La carta decía:

"Felicidades, joven aventurero. Has demostrado tener un corazón puro y un espíritu valiente. El castillo de caramelo está ahora bajo tu protección. Usa este amuleto para invocar la magia del castillo cuando lo necesites. Recuerda siempre cuidar de este lugar maravilloso."

Nico, con el amuleto en mano, sintió una calidez que lo llenó de alegría. Sabía que tenía una gran responsabilidad, pero también un lugar increíble para explorar y proteger.

Decidió no contarle a nadie sobre el castillo, excepto a su mejor amiga, Clara. Clara era una chica inteligente y aventurera, y Nico sabía que podría confiar en ella. Juntos, visitaban el castillo cada tarde después de la escuela, descubriendo nuevos secretos y disfrutando de las maravillas del lugar.

Con el tiempo, el castillo se convirtió en su refugio secreto. Jugaban entre las salas de caramelos, organizaban banquetes con pasteles mágicos y cuidaban el jardín de chocolate. Pero también usaban la magia del castillo para ayudar a la gente de Dulcelandia.

Cuando alguien del pueblo tenía un problema, Nico y Clara invocaban la magia del amuleto para encontrar soluciones. Ayudaron a curar a los enfermos con hierbas mágicas del jardín, llenaron los días tristes de los niños con dulces encantados y arreglaron los desperfectos del pueblo con la ayuda de las recetas mágicas.

El castillo de caramelo, bajo el cuidado de Nico y Clara, floreció de nuevo y se convirtió en una fuente de alegría y ayuda para todos. Aunque nadie más conocía su secreto, la influencia del castillo se sentía en cada rincón de Dulcelandia.

Y así, en el bullicioso pueblo de Dulcelandia, la vida se llenó de aventuras y dulces sorpresas. Nico y Clara demostraron que con un corazón puro y un espíritu valiente, se pueden lograr cosas extraordinarias. El castillo de caramelo, una vez olvidado, se convirtió en el centro de maravillosas historias y leyendas que inspirarían a futuras generaciones.

The Mystery of the Candy Castle

In the bustling town of Dulcelandia, there was a boy named Nico who was always in search of adventures. At ten years old, Nico was famous for his bravery and overflowing imagination. He loved reading mystery books and dreamed of solving great enigmas one day. But he never imagined that one of those adventures would find him.

One sunny morning, while Nico was riding his bike on the outskirts of town, he saw something that caught his attention. In the distance, atop a hill, stood a castle he had never seen before. Its towers glistened as if made of candy.

Intrigued, Nico decided to get closer. As he approached, he noticed that the castle looked even more fantastic up close. The walls were covered in colorful tiles, and the roofs seemed to be made of gingerbread. There was a drawbridge made of licorice and windows framed with candy canes.

"This is incredible," Nico murmured to himself.

Driven by his curiosity, Nico crossed the drawbridge and entered the castle. Inside, everything was even more wonderful. The walls were decorated with chocolates and candies, and the air smelled of vanilla and sugar.

"Hello! Is anyone here?" called Nico, but only the echo of his voice responded.

As he explored, Nico found a small door at the end of a long hallway. Without thinking twice, he opened it and found himself in a library full of books of magical recipes. In the center of the room, on a glass table, was a large open book. The title read: "The Great Secret of the Candy Castle."

"The Great Secret?" Nico approached the book and began to read. He discovered that the castle had been built centuries ago by a wizard named Alaric Dulce, who used his magic to create a place where the sweetest dreams came true. But over time, the wizard disappeared, and the castle was abandoned.

However, according to the book, there was a legend that said the castle would awaken if someone pure of heart discovered its secret. The book also mentioned a hidden treasure that could only be found by someone with a true adventurous spirit.

Determined to solve the mystery, Nico began to explore every corner of the castle. In one of the rooms, he found an ancient map that showed the way to the treasure. Following the clues, he reached a secret garden behind the castle, where sugar flowers and chocolate trees grew in abundance.

In the center of the garden was a fountain of liquid caramel. Nico remembered the words from the book and realized there must be something hidden there. Carefully, he put his hand into the fountain and felt something solid. He pulled out a small chest decorated with colorful gems.

Excited, he opened the chest and found a shining amulet and a letter inside. The letter read:

"Congratulations, young adventurer. You have shown a pure heart and a brave spirit. The candy castle is now under your protection. Use this amulet to invoke the castle's magic when you need it. Always remember to take care of this wonderful place."

Nico, with the amulet in hand, felt a warmth that filled him with joy. He knew he had a great responsibility but also an incredible place to explore and protect.

He decided not to tell anyone about the castle, except his best friend, Clara. Clara was a smart and adventurous girl, and Nico knew he could trust her. Together, they visited the castle every afternoon after school, discovering new secrets and enjoying the wonders of the place.

Over time, the castle became their secret refuge. They played among the candy halls, held banquets with magical cakes, and tended the chocolate garden. But they also used the castle's magic to help the people of Dulcelandia.

When someone in the town had a problem, Nico and Clara would invoke the amulet's magic to find solutions. They helped heal the sick with magical herbs from the garden, filled the sad days of children with enchanted sweets, and fixed the town's problems with the help of magical recipes.

The candy castle, under Nico and Clara's care, flourished again and became a source of joy and help for everyone. Although no one else knew its secret, the castle's influence was felt in every corner of Dulcelandia.

And so, in the bustling town of Dulcelandia, life was filled with adventures and sweet surprises. Nico and Clara showed that with a pure heart and a brave spirit, extraordinary things could be achieved. The candy castle, once forgotten, became the center of wonderful stories and legends that would inspire future generations.

La Increíble Máquina de Inventos de Lucas

En el tranquilo pueblo de Inventilandia, vivía un niño llamado Lucas. Lucas tenía once años y una mente brillante llena de ideas locas y maravillosas. Siempre llevaba un cuaderno de dibujos y un lápiz en su bolsillo, listo para esbozar cualquier invento que se le ocurriera.

Un día, mientras Lucas exploraba el desván de su abuelo, encontró un viejo cofre polvoriento. Al abrirlo, descubrió una colección de planos y herramientas antiguas. Entre los papeles amarillentos, había un dibujo de una máquina impresionante titulada "La Máquina de Inventos Increíbles".

"¡Esto es fantástico!" exclamó Lucas. "Voy a construir esta máquina."

Sin perder tiempo, Lucas comenzó a reunir materiales. Usó engranajes oxidados, tuberías viejas, y cualquier cosa que pudiera encontrar en el desván. Trabajó día y noche, ensamblando piezas y ajustando tornillos. Después de una semana de esfuerzo incansable, la máquina estaba lista.

La Máquina de Inventos Increíbles era una mezcla de tubos de colores, ruedas giratorias y palancas extrañas. En su centro, había una gran palanca roja que decía "ACTIVAR".

"Es hora de probarla," dijo Lucas con entusiasmo.

Con un suspiro de anticipación, tiró de la palanca roja. La máquina comenzó a zumbar y vibrar. Luces de colores parpadeaban, y el ruido de los engranajes llenaba el desván. De repente, una pequeña puerta en la máquina se abrió, y de ella salió una nube de humo.

Cuando el humo se disipó, Lucas no podía creer lo que veía. Frente a él había una criatura diminuta, como un robot con una cara simpática y ojos brillantes.

"¡Hola! Soy Tico, tu ayudante de inventos," dijo la criatura con una voz alegre.

"¡Guau! ¡Funciona!" gritó Lucas emocionado. "¿Qué puedes hacer, Tico?"

"¡Puedo ayudarte a construir cualquier cosa que imagines!" respondió Tico. "Vamos, ¿qué inventamos primero?"

Lucas y Tico se convirtieron en un equipo imparable. Cada día, construían un nuevo invento. Crearon una bicicleta voladora, una máquina de hacer helados instantáneos y hasta un paraguas que cambiaba de color según el clima. La gente de Inventilandia quedó asombrada con sus creaciones y venía de todas partes para ver los inventos de Lucas.

Un día, mientras trabajaban en un nuevo proyecto, una niña llamada Marta se acercó a Lucas. Marta era conocida por su inteligencia y su amor por los animales.

"Hola, Lucas. ¿Crees que podrías ayudarme con algo?" preguntó Marta.

"¡Claro, Marta! ¿Qué necesitas?" respondió Lucas.

"Quiero construir una máquina que pueda entender el lenguaje de los animales. Así podríamos saber lo que nuestras mascotas quieren y necesitan," explicó Marta.

Lucas y Tico se miraron emocionados. "¡Eso suena increíble! Vamos a hacerlo," dijo Lucas.

Trabajaron incansablemente durante días. Ajustaron antenas, programaron chips y ensamblaron circuitos. Finalmente, la Máquina de Comunicación Animal estaba lista. Parecía una mezcla de radio antigua y telescopio, con un micrófono especial.

Llevaron la máquina al parque, donde había muchos animales. Marta acercó el micrófono a su perro, Max, y presionó un botón. De repente, una voz suave salió del altavoz.

"Hola, Marta. Gracias por traerme aquí. Me encantaría jugar a la pelota," dijo la voz, que era nada menos que la de Max.

Marta saltó de alegría. "¡Funciona! ¡Realmente funciona!"

Pronto, la noticia de la Máquina de Comunicación Animal se esparció por todo el pueblo. Los dueños de mascotas vinieron de todas partes para hablar con sus animales. Gracias a la máquina, descubrieron que los gatos querían más tiempo de juego, los pájaros disfrutaban de la música y los perros tenían sus juguetes favoritos.

Un día, un hombre anciano llamado Don Ramón llegó con su gato, Tomás. Don Ramón estaba triste porque Tomás parecía enfermo y no sabía qué le pasaba.

"¿Podrías usar la máquina para hablar con Tomás?" pidió Don Ramón.

Marta colocó el micrófono cerca de Tomás y presionó el botón. La voz de Tomás salió débil pero clara.

"Me duele la panza porque he estado comiendo plantas del jardín que me hacen mal," dijo Tomás.

Don Ramón se arrodilló junto a Tomás y lo acarició. "Lo siento mucho, Tomás. No sabía que te hacían daño. Prometo que no dejaré que vuelvas a comer esas plantas."

Gracias a la máquina, Tomás se recuperó rápidamente. Don Ramón estaba eternamente agradecido a Lucas y Marta por ayudar a su querido gato.

El éxito de la Máquina de Comunicación Animal inspiró a Lucas y Tico a seguir creando inventos que pudieran ayudar a la gente y a los animales de Inventilandia. Crearon una máquina de reciclaje que convertía la basura en juguetes, una fuente de agua que nunca se secaba y una mochila cohete para llegar rápido a la escuela.

Cada nuevo invento traía alegría y asombro al pueblo. Lucas se convirtió en un héroe local, conocido por su ingenio y su corazón generoso. Tico, siempre a su lado, lo ayudaba a hacer realidad las ideas más increíbles.

Pero la aventura más emocionante llegó cuando recibieron una carta misteriosa. Era una invitación a participar en el Gran Concurso de Inventores, un evento donde los mejores inventores del mundo competirían para mostrar sus creaciones.

"¡Tenemos que participar, Tico!" dijo Lucas emocionado. "Mostraremos al mundo nuestras increíbles invenciones."

Pasaron semanas preparando sus mejores inventos para el concurso. Finalmente, llegó el día. Lucas, Tico y Marta se dirigieron a la ciudad donde se celebraba el evento. El lugar estaba lleno de inventores de todas partes, cada uno con sus propios y sorprendentes artefactos.

Cuando llegó el turno de Lucas, presentó la Máquina de Comunicación Animal. El jurado, compuesto por científicos y expertos, quedó maravillado al ver cómo los animales hablaban a través de la máquina. Los otros inventores también quedaron impresionados.

Al final del día, el jurado anunció al ganador. "Y el primer lugar es para... ¡Lucas de Inventilandia, por su Máquina de Comunicación Animal!"

La multitud estalló en aplausos. Lucas, Tico y Marta subieron al escenario a recibir su trofeo. Lucas dio un discurso agradeciendo a todos por su apoyo y dedicó el premio a su abuelo, cuyo cofre de planos había comenzado todo.

"Este trofeo es para todos en Inventilandia, porque cada invento que creamos es para ustedes," dijo Lucas con una gran sonrisa.

Cuando regresaron a Inventilandia, el pueblo entero les dio una cálida bienvenida. Lucas y Marta siguieron trabajando juntos, creando más inventos y haciendo del mundo un lugar mejor.

Y así, en el tranquilo pueblo de Inventilandia, la vida se llenó de aventuras y maravillas. Lucas demostró que con imaginación y un corazón generoso, se pueden lograr cosas extraordinarias. Las historias de sus inventos se convirtieron en leyendas que inspiraron a futuras generaciones a soñar en grande y nunca dejar de crear.

Lucas's Incredible Invention Machine

In the quiet village of Inventilandia, there lived a boy named Lucas. Lucas was eleven years old and had a brilliant mind full of crazy and wonderful ideas. He always carried a sketchbook and a pencil in his pocket, ready to draw any invention that came to mind.

One day, while Lucas was exploring his grandfather's attic, he found an old dusty chest. Upon opening it, he discovered a collection of ancient blueprints and tools. Among the yellowed papers was a drawing of an impressive machine titled "The Incredible Invention Machine."

"This is fantastic!" exclaimed Lucas. "I'm going to build this machine."

Without wasting time, Lucas began gathering materials. He used rusty gears, old pipes, and anything he could find in the attic. He worked day and night, assembling pieces and adjusting screws. After a week of tireless effort, the machine was ready.

The Incredible Invention Machine was a mix of colorful tubes, spinning wheels, and strange levers. In its center, there was a large red lever that said "ACTIVATE."

"It's time to test it," said Lucas excitedly.

With a sigh of anticipation, he pulled the red lever. The machine began to hum and vibrate. Colored lights flashed, and the sound of gears filled the attic. Suddenly, a small door in the machine opened, and a cloud of smoke emerged.

When the smoke cleared, Lucas couldn't believe his eyes. In front of him was a tiny creature, like a robot with a friendly face and bright eyes.

"Hello! I'm Tico, your invention assistant," said the creature in a cheerful voice.

"Wow! It works!" shouted Lucas excitedly. "What can you do, Tico?"

"I can help you build anything you imagine!" replied Tico. "Let's go, what do we invent first?"

Lucas and Tico became an unstoppable team. Every day, they built a new invention. They created a flying bicycle, an instant ice cream machine, and even an umbrella that changed color with the weather. The people of Inventilandia were amazed by their creations and came from all over to

see Lucas's inventions.

One day, while they were working on a new project, a girl named Marta approached Lucas. Marta was known for her intelligence and love for animals.

"Hello, Lucas. Do you think you could help me with something?" asked Marta.

"Of course, Marta! What do you need?" replied Lucas.

"I want to build a machine that can understand the language of animals. That way, we could know what our pets want and need," explained Marta.

Lucas and Tico looked at each other excitedly. "That sounds incredible! Let's do it," said Lucas.

They worked tirelessly for days. They adjusted antennas, programmed chips, and assembled circuits. Finally, the Animal Communication Machine was ready. It looked like a mix of an old radio and a telescope, with a special microphone.

They took the machine to the park, where there were many animals. Marta brought the microphone close to her dog, Max, and pressed a button. Suddenly, a soft voice came from the speaker.

"Hello, Marta. Thank you for bringing me here. I would love to play fetch," said the voice, which was none other than Max's.

Marta jumped with joy. "It works! It really works!"

Soon, news of the Animal Communication Machine spread throughout the village. Pet owners came from all over to talk to their animals. Thanks to the machine, they discovered that cats wanted more playtime, birds enjoyed music, and dogs had their favorite toys.

One day, an elderly man named Don Ramón arrived with his cat, Tomás. Don Ramón was sad because Tomás seemed sick, and he didn't know what was wrong.

"Could you use the machine to talk to Tomás?" asked Don Ramón.

Marta placed the microphone near Tomás and pressed the button. Tomás's voice came out weak but clear.

"My stomach hurts because I've been eating plants from the garden that make me sick," said Tomás.

Don Ramón knelt beside Tomás and petted him. "I'm so sorry, Tomás. I didn't know those plants were harmful. I promise I won't let you eat them again."

Thanks to the machine, Tomás quickly recovered. Don Ramón was eternally grateful to Lucas and Marta for helping his beloved cat.

The success of the Animal Communication Machine inspired Lucas and Tico to keep creating inventions that could help people and animals in Inventilandia. They created a recycling machine that turned trash into toys, a water fountain that never dried up, and a rocket backpack to get to school quickly.

Each new invention brought joy and amazement to the village. Lucas became a local hero, known for his ingenuity and generous heart. Tico, always by his side, helped him bring the most incredible ideas to life.

But the most exciting adventure came when they received a mysterious letter. It was an invitation to participate in the Great Inventors' Contest, an event where the best inventors in the world would compete to showcase their creations.

"We have to participate, Tico!" said Lucas excitedly. "We'll show the world our incredible inventions."

They spent weeks preparing their best inventions for the contest. Finally, the day arrived. Lucas, Tico, and Marta went to the city where the event was held. The place was full of inventors from all over, each with their own amazing gadgets.

When it was Lucas's turn, he presented the Animal Communication Machine. The judges, made up of scientists and experts, were amazed to see how the animals spoke through the machine. The other inventors were also impressed.

At the end of the day, the judges announced the winner. "And the first place goes to... Lucas from Inventilandia, for his Animal Communication Machine!"

The crowd erupted in applause. Lucas, Tico, and Marta went up on stage to receive their trophy. Lucas gave a speech thanking everyone for their support and dedicated the prize to his grandfather, whose chest of blueprints had started it all.

"This trophy is for everyone in Inventilandia, because every invention we create is for you," said Lucas with a big smile.

When they returned to Inventilandia, the entire village gave them a warm welcome. Lucas and Marta continued working together, creating more inventions and making the world a better place.

And so, in the quiet village of Inventilandia, life was filled with adventures and wonders. Lucas showed that with imagination and a generous heart, extraordinary things could be achieved.

The stories of his inventions became legends that inspired future generations to dream big and never stop creating.